FAITS POUR SURVIVRE

LES OISEAUX DE PROIE

Alan Walker

TABLE DES MATIÈRES

Un livre de la collection
Les jeunes plantes de Crabtree

Crabtree Publishing

crabtreebooks.com

faucon
pèlerin

Les oiseaux de proie

Les oiseaux de proie attrapent et mangent d'autres animaux.

Le faucon pèlerin est l'animal le plus rapide au monde. Il peut fendre l'air à des vitesses pouvant atteindre 200 mi/h (322 km/h).

Les oiseaux de proie sont appelés des rapaces.

Les hiboux, les buses, les aigles, les vautours, les milans et les faucons sont des rapaces.

aigle royal

Les rapaces ont des serres et un bec crochu et acéré.

L'aigle royal est le plus grand oiseau de proie en Amérique du Nord.

Les rapaces utilisent leurs pieds puissants et leurs serres acérées pour attraper leurs proies.

harpie féroce

Les serres de la harpie féroce peuvent être aussi longues que les griffes d'un grizzly!

buse à queue rousse

Ils se servent de leur bec acéré pour déchirer la **chair**.

Les buses à queue rousse sont les buses les plus courantes en Amérique du Nord.

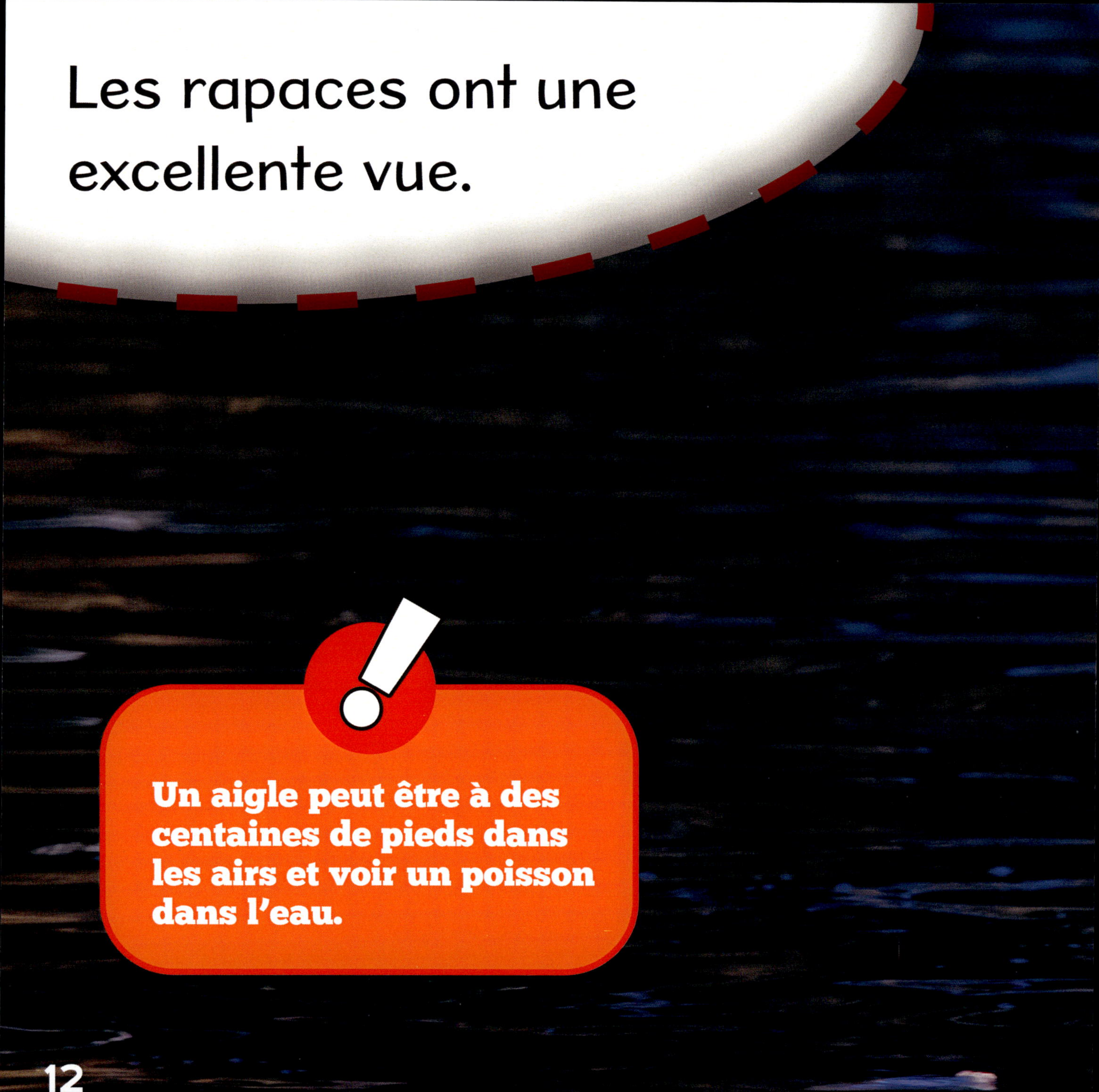

Les rapaces ont une excellente vue.

Un aigle peut être à des centaines de pieds dans les airs et voir un poisson dans l'eau.

pygargue à
tête blanche

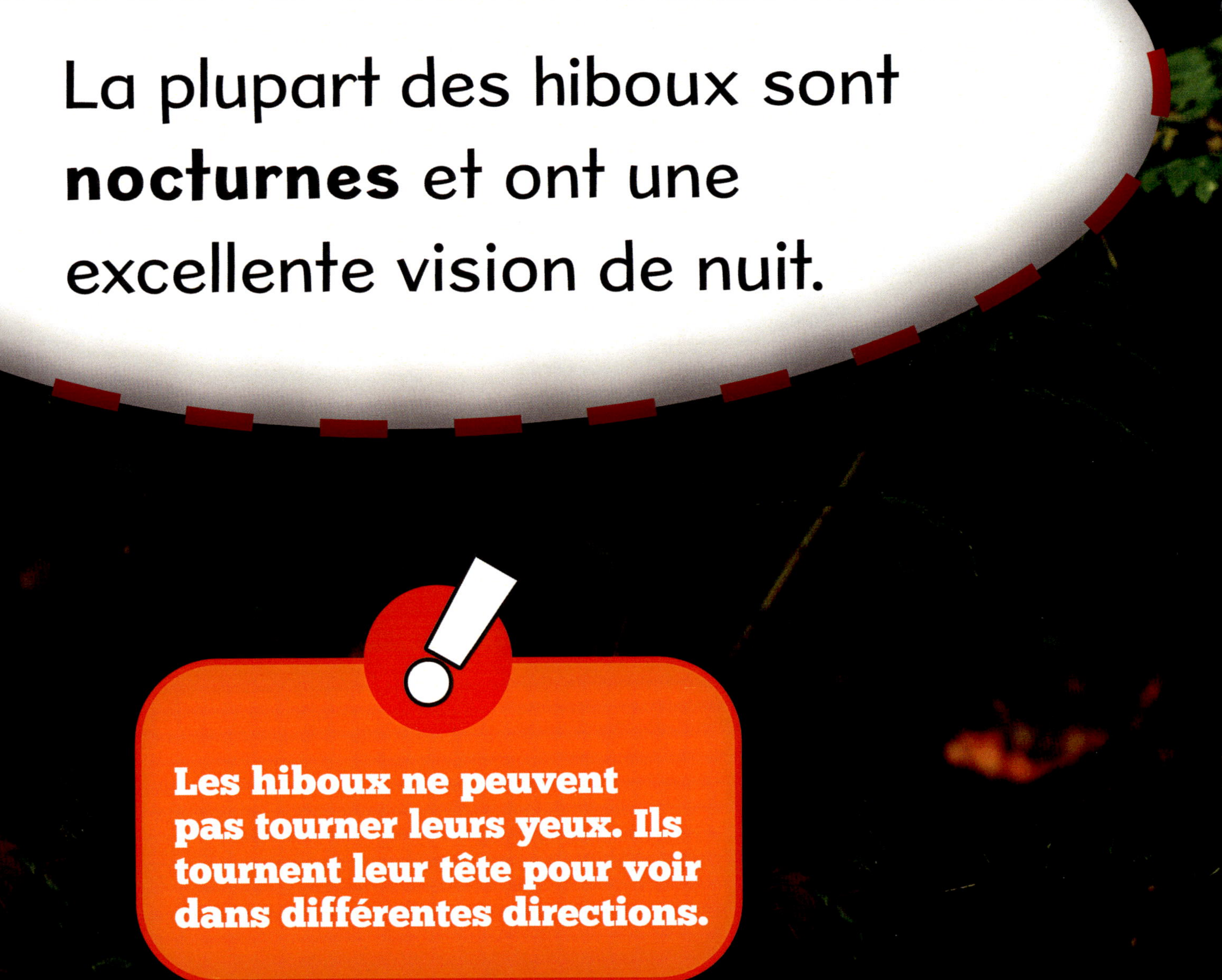

La plupart des hiboux sont **nocturnes** et ont une excellente vision de nuit.

Les hiboux ne peuvent pas tourner leurs yeux. Ils tournent leur tête pour voir dans différentes directions.

nyctale boréale

effraie des clochers

Les hiboux ont aussi une excellente ouïe.

Une effraie des clochers peut entendre les légers pas d'une souris sur le sol mou de la forêt – même en plein vol!

Les vautours ne chassent pas et ne tuent pas leur nourriture.

Les vautours cherchent et mangent de la **charogne.**

Les vautours utilisent leur sens de l'odorat pour trouver de la charogne.

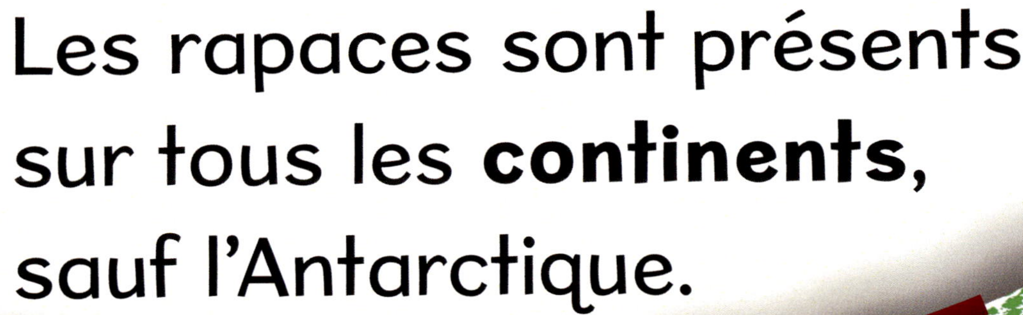

Les rapaces sont présents sur tous les **continents**, sauf l'Antarctique.

Amérique du Nord

Amérique du Sud

Le caracara du Nord est l'oiseau emblématique du Mexique.

Un vautour appelé le condor des Andes est l'un des oiseaux volants les plus grands du monde.

Le faucon crécerelle vit dans la plus grande partie de l'Europe.

Le pithécophage des Philippines chasse et mange des singes dans les forêts tropicales des Philippines.

Le messager sagittaire, avec ses longues pattes, est un rapace qui vit en Afrique.

Glossaire

chair (chèr) : La chair est la viande d'un animal.

charogne (cha-rogn) : La charogne est la chair en putréfaction d'un animal mort.

continents (con-ti-nan) : Un continent est l'une des sept grandes parties de la Terre. L'Asie, l'Afrique, l'Australie, l'Antarctique, l'Europe, l'Amérique du Nord et l'Amérique du Sud sont des continents de la Terre.

nocturnes (noc-turn) : Les animaux nocturnes sont actifs la nuit. Les hiboux sont des animaux nocturnes.

Indice

Le rapace sur la page couverture est un aigle royal.

Soutien de l'école à la maison pour les parents, les gardiens et les enseignants

Ce livre aide les enfants à se développer grâce à la pratique de la lecture. Voici quelques exemples de questions pour aider le lecteur ou la lectrice à développer ses capacités de compréhension. Les suggestions de réponses sont indiquées en rouge.

Avant la lecture

- **De quoi ce livre parle-t-il?** *Je pense que ce livre parle des oiseaux de proie. Je pense que ce livre parle des oiseaux qui mangent de petits animaux.*
- **Qu'est-ce que je veux apprendre sur ce sujet?** *Je veux savoir à quelle vitesse les oiseaux de proie peuvent voler. Je veux savoir comment les oiseaux de proie peuvent voir les petits animaux quand ils volent très haut dans le ciel.*

Pendant la lecture

- **Je me demande pourquoi...** *Je me demande pourquoi les vautours ne chassent pas leur nourriture. Je me demande pourquoi et comment les vautours trouvent des animaux morts.*
- **Qu'est-ce que j'ai appris jusqu'à présent?** *J'ai appris que les vautours utilisent leur sens de l'odorat pour trouver des animaux morts. J'ai appris que les hiboux ont une excellente ouïe et qu'ils peuvent entendre les petits pas d'une souris sur le sol.*

Après la lecture

- **Nomme quelques détails que tu as retenus.** *J'ai appris qu'un faucon pèlerin peut fendre l'air à une vitesse de 200 mi/h (322 km/h). J'ai appris que les oiseaux de proie sont appelés des rapaces et qu'ils ont des serres et un bec crochu et acéré.*
- **Lis le livre à nouveau et cherche les mots du glossaire.** *Je vois le mot **nocturnes** à la page 14 et le mot **charogne** à la page 19. Les autres mots du glossaire se trouvent à la page 22.*

Crabtree Publishing

crabtreebooks.com 800-387-7650

Version imprimée du livre produite conjointement avec Blue Door Education en 2022.

Auteur : Alan Walker
Traduction : Annie Evearts
Production manager: Candice Campbell

Références photographiques : Couverture © martellostudio; p. 2-3 : photo page complète © Collins93, faucon en médaillon © Smiler99; p. 4-5 © ArCaLu; p. 6-7 © Ian Duffield; p. 8-9 : harpie féroce © Chepe Nicoli; p. 10-11 © yhelfman; p. 12-13 © FloridaStock; p. 14-15 © Stanislav Duben; p. 16-17 © sirtravelalot; p. 18-19 © Valerijs Novickis; p. 20-21 : carte © Peter Hermes Furian, caracara © Chepe Nicoli, condor des Andes © aabeele, faucon crécerelle © Maria Gaellman, pithécophage des Philippines © Casper Simon, messager sagittaire © Dmussman
Toutes les photos proviennent de Shutterstock.com

Publié au Canada par Crabtree Publishing
616 Welland Avenue
St. Catharines, Ontario
L2M 5V6

Publié aux États-Unis par Crabtree Publishing
347 Fifth Avenue
Suite 1402-145
New York, NY 10016

Imprimé aux États-Unis/CP072026

Paperback 978-1-0396-0815-3
Ebook (pdf) 978-1-0396-0821-4
Epub 978-1-0396-0827-6
Read-along 978-1-0398-0329-9
Audio book 978-1-0396-6660-3

Catalogage avant publication de Bibliothèque et Archives Canada
Titre: Les oiseaux de proie / Alan Walker ; texte français d'Annie Evearts.
Autres titres: Birds of prey. Français.
Noms: Walker, Alan (Écrivain pour la jeunesse), auteur.
Description: Mention de collection: Faits pour survivre | Les jeunes plantes de Crabtree | Traduction de : Birds of prey. | Comprend un index.
Identifiants: Canadiana (livre imprimé) 20210262958 | Canadiana (livre numérique) 20210262974 | ISBN 9781039608153 (couverture souple) | ISBN 9781039608214 (HTML) | ISBN 9781039608276 (EPUB)
Vedettes-matière: RVM: Rapaces—Ouvrages pour la jeunesse. | RVM: Animaux—Armes—Ouvrages pour la jeunesse. | RVMGF: Documents pour la jeunesse.
Classification: LCC QL667.78 .W3514 2022 | CDD j598.9—dc23